निर्वाण के दीप

निर्वाण के दीप

आनंद अमितेष

Sarvatra
An imprint of Manjul Publishing House

Sarvatra
An imprint of Manjul Publishing House

◆ द्वितीय तल, उषा प्रीत कॉम्प्लेक्स,
42 मालवीय नगर, भोपाल-462 003
◆ सी-16, सेक्टर 3, नोएडा, उत्तर प्रदेश, 201301
वेबसाइट : www.manjulindia.com

यह संस्करण 2025 में पहली बार प्रकाशित

निर्वाण के दीप

ISBN 978-93-5543-858-4

आनंद अमितेष इस पुस्तक के
लेखक होने की नैतिक ज़िम्मेदारी वहन करते हैं

मुद्रण व जिल्दसाज़ी : रेप्रो इंडिया लिमिटेड

भूमिका

पिछले बहुत वर्षों से मैं आनंद अमितेष से परिचित हूँ। उनकी कविताओं के साथ-साथ उनके लिखे लेख भी समय-समय पर पढ़ती रही हूँ। वर्ष में एक से दो बार वे मुझसे मिलने दिल्ली स्थित मेरे निवास पर आते रहे हैं। उनसे वार्ता न हो पाने की स्थिति में भी उनके साथ भाव के तल पर एक मौन संवाद सदा बना ही रहता है। ये बात मेरे संज्ञान में है कि आनंद अमितेष महाकवि पद्मभूषण गोपालदास नीरज के जीवन के संध्याकाल में उनके अत्यंत निकट रहे। नीरज जी का प्रेम, उनकी ऊर्जा और उनका बहुत स्नेह इन्हें हासिल हुआ, इनके जीवन में इसका भी गहरा प्रभाव दृष्टि में आता है।

जब उन्होनें अपनी प्रथम पुस्तक "जल उठे चराग" मुझे भेंट की तब पुस्तक पर गोपालदास नीरज के ये शब्द "अस्तित्व के गहन प्रेम में डूबे हुये आनंद अमितेष से उठे इस काव्य में जीवन के उस पार की झलकें स्पष्ट दृष्टिगोचर होती हैं। ऐसा लगता है कि स्वंय की खोज पर निकले इस यात्री की कलम से परमात्मा ने जीवन के सौन्दर्यों को स्वंय अभिव्यक्ति दी है।" पढ़कर हृदय आनंद से भर गया। जब पुस्तक के काव्य से गुजरना हुआ तब महसूस हुआ कि आनंद अमितेष के हृदय में कोई अदृश्य ऊर्जा आहिस्ता-आहिस्ता आकर ले रही है। उनके अन्दर एक विरह ने जन्म लिया है। उसी विरह की तड़प में जब अस्तित्व की ऊर्जा उन्हें अपने आगोश में लेती है तब अतिरेक की स्थिति में हृदय में परमात्मा के प्रेम की जो वर्षा होती है उसकी अभिव्यक्ति में उनसे उठे काव्य में शून्य की झलकें स्पष्ट उतरती हैं। जिन्हें पढ़कर हृदय में उस असीम का स्मरण स्वत: ही उठ आता है। अपनी एक कविता में वे इसी भाव को अभिव्यक्त करते हुये लिखते है कि

कैसे पहुँचूंगा
तुम्हारे उस दुर्ग तक
कुछ भी तो खबर नहीं,
तुम दूर कहीं
उस लोक

और में खड़ा हूँ
इस पार
असहाय सा
तुम्हें पुकारते हुए

ये प्रार्थना के गहरे क्षण हैं, जिसमें उस असीम से मिलन की तड़प के साथ उनकी असहाय स्थिति का भी वर्णन हुआ है। एक अन्य कविता में बहुत ही प्यारा भाव उनसे अभिव्यक्त हुआ है।

हाथ आते हो तुम
पर छूट-छूट जाती हैं
तुम्हारी डोरियां सब,
बैठा हूं अब मौन
थक हार कर
तुम्हारे आगमन की
प्रतीक्षा में
मेरे मांझी!

वास्तव में ऐसा होता भी है कि कभी किसी क्षण में उसकी कोई तस्वीर उभरती है और ऐसा लगता है कि बस नजदीक ही है परमात्मा। लेकिन कोई डोर हाथ में आते-आते ही फिर छूट जाती है। फिर अनंत दूरिया उठ आती हैं, और कवि उसके आगमन की प्रतीक्षा में, फिर मौन में लीन हो जाता है। इस कविता की तरह और भी बहुत कवितायें हैं जिनके अन्त में ''मांझी'' शब्द का प्रयोग हुआ है। उस अनाम को कवि का यूं मांझी कहकर पुकारना हृदय में एक अनूठे सौन्दर्य को जन्म देता है। जैसे कि परमात्मा कोई मांझी है जो उसकी खोज में निकले हुए यात्रियों को इस पार से उस पार स्वंय लेने आता है। एक और कविता में वे अपना भाव अभिव्यक्त करते हुये लिखते हैं कि-

बैठे रहो
मेरे साथ
रात्रि के इस पहर
कुछ लम्हों के लिए
यूं ही,

कुशल–क्षेम
पता ही है तुम्हें सब,
फिर इतनी रात गये
क्या है प्रयोजन
बोलो?

सूफियों के लिए रात्रि सदा ही अत्यंत प्रिय रही है। जब हृदय में परमात्मा की ऊर्जा उतरती है या कहें कि उसकी उपस्थिति सघन होती है तब भक्त रात में भी जाग उठता है और कतरा–कतरा उतरते हुए अमृत का वह रसपान ही नहीं करता है बल्कि उलाहने भी देता। यहां उसी उलाहने के भाव को कवि ने अभिव्यक्त किया है कि जब पता ही है तुम्हें मेरी कुशल–क्षेम तो इतनी रात गये यूं दबे पांव आने का प्रयोजन क्या है?

इन कविताओं में जो बात सर्वाधिक प्रिय है वह यह है कि भाषा बिल्कुल भी क्लिष्ट नहीं है। रोजमर्रा के बोले जाने वाले हिन्दी के शब्दों का प्रयोग हुआ है यदि किसी की थोड़ी सी भी आध्यात्मिक यात्रा है तो गांव का साधारण व्यक्ति भी इस अनूठे संग्रह "निर्माण के दीप" के काव्य के मर्म में उतर सकता है। स्वंय की खोज पर निकले यात्रियों के लिए ही नहीं, बल्कि आम जनमानस के लिए भी यह काव्य संग्रह उनकी आध्यात्मिक यात्रा और उनके निज जीवन के लिए बेहद सहायक सिद्ध होगा।

– मां धर्म ज्योति

प्रवेश से पूर्व

बहुत सौभाग्य से जीवन में उस कल्पनातीत जगत की कोई सुगंध उठनी प्रारंभ होती हैं, बहुत किस्मतें है उनकी जिन्हें अस्तित्व अपने नेह के धागों में पिरोना शुरू करता है। जिनके भी जीवन में परमात्मा का थोड़ा सा भी परस हो जाता है वे सभी एक अनुभव से अवश्य गुजरते हैं कि आस-पास फैली प्रकृति में भी उन्हें उसीका एश्वर्य दिखना प्रारंभ होने लगता है। रात-रानी के फूल हों या झरबेरी के बेर या कि भरी दोपहर में चटकते अरण्डी के बीज, सभी में उसकी सघन उपस्थिति महसूस होने लगती है। कल भी वही रात थी, वही तारों भरा आकाश था लेकिन अब इन सभी में परमात्मा का अक्स उभरना प्रारंभ होने लगता है। नदी, पहाड़-पर्वतों, बेतरतीब से फैले इन जंगलों के फैलाव की प्रतीती, अपने भीतर ही महसूस होने लगती है। ऐसा लगता है कि देह ने अपनी सभी सीमाऐं तोड़ दी हों और प्रकृति के अंतिम छोर तक फैल गई हो।

प्रत्येक दिशा से एवं जीवन की प्रत्येक स्थिति में उसी एश्वर्यवान के आगमन की स्पष्ट पगध्वनियां सुनाई पड़ना प्रारंभ होती हैं या कहें कि हर ओर से उसे परमात्मा के निमंत्रण मिलना प्रारंभ होने लगते हैं। अहिस्ता-अहिस्ता उसकी प्रेम भरी पातियां मिलना प्रारंभ होती हैं और धीरे-धीरे वह अपरिभाष्य उसे अपने आगोश में लेना प्रारंभ करता है। वो अलग बात है कि वो सदा से हमें अपने आगोश में लिए ही हुए है।

हम अपनी बुद्धि से चाहे कितनी भी ऊँची छलांग क्यों न ले लें लेकिन वह हमारी समझ से ऊपर कभी नहीं उठ सकती। हमारा सब अनुभव इस मृण्डमय जगत का है। हमारे मस्तिष्क से उठी सब खोजें, सब यात्राऐं केवल दृश्य तक ही सीमित रह जाती हैं। इसी कारण मस्तिष्क चिन्मय के जगत से कभी संबंधित नहीं हो पाता। विज्ञान की सब खोजें केवल मृण्डमय तक ही सीमित हैं। जो हृदय का साम्राज्य है वहां मस्तिष्क को कभी प्रवेश नहीं मिल पाता। संसार की सब यात्राऐं करके जब हम थक जाते हैं तब कुछ संभावनाएँ उठती हैं कि मस्तिष्क की ऊर्जा हृदय की तरफ बहनी प्रारंभ हो। तब रफ्ता-रफ्ता हमारा वर्तमान के पलों में ठहरना प्रारंभ होता है।

अतीत और भविष्य से मुक्त होकर जब प्रति पल जिये जा रहे जीवन को ही लक्ष्य किया जाता है या कहें कि हम अपने ही जीवन के दृष्टा बन जाते है तब जैसे प्रत्येक सांस उसकी उपस्थिति की सुगन्ध से स्वत: ही महकने लगती है लेकिन मन अपनी यह हार कभी स्वीकार नही कर सकता। इसी कारण हमारा सब जीवन या तो अतीत के बोझ तले दबा है या भविष्य की महत्वाकांक्षाओं से भरा है, जहां वर्तमान के पल की कोई सुगन्ध नहीं होती। लेकिन जिनके जीवन में उस असीम का आगमन प्रारंभ होता है उनके जीवन में अतीत और भविष्य के किले आहिस्ता ढहने लगते हैं। तब अनुभव में आता है कि जीवन की निर्धूम शिखा वर्तमान के क्षण में ही भभक कर उठती है और संसार के सब मान–सम्मान, पद–प्रतिष्ठाऐं कब भस्मीभूत होने लगते हैं; पता ही नहीं चलता। लेकिन मन के इस मजबूत संस्कारगत ढांचे से हमारा बाहर आना इतना आसान नहीं है। मन का यह ढांचा हमारे जन्मों के संस्कार का ही संग्रह एवं अर्जन भी है। यह इतनी सहजता से अपनी गिरफ्त से हमें बाहर नहीं आने देता। यह बात अनुभव से कही जा सकती है कि वर्तमान के पल में मन अपनी कोई गिरफ्त नहीं बना पाता। प्रार्थना के सभी पल केवल वर्तमान के वे ही पल है जहाँ हम सिर से पॉव तक केवल ह्रदय ही ह्रदय हो उठते हैं।

बेहोशी से भरे इसी जीवन में जब होश का पदार्पण होता है। तब हर तरफ उसके सधे हुए हाथ भी द्रष्टि में आना प्रारंभ होते हैं। अन्यथा सब जीवन अतीत और भविष्य के तानों–बानों में उलझकर विकृत हो ही जाता है। जिनके जीवन से अतीत और भविष्य जिस अनुपात में विदा लेने लगते हैं उनके अनुभव में उसी अनुपात में एक और महत्वपूर्ण बात आनी प्रारंभ होती है कि वर्तमान का क्षण जैसे कहीं शाश्वतता से जुड़ा है। वर्तमान के क्षण में प्रवेश ही इस शाश्वतता में प्रवेश का क्षण है। समय की इसी धारा में प्रवेश परमात्मा में ही प्रवेश है और ह्रदय में जलती किसी अकम्प ज्योति जिसे हम आत्मा कहें या कोई और नाम दें, वह भी अनुभव में आनी प्रारंभ होती है। तब इसी नश्वर शरीर में चिर यौवन के अमरत्व का दर्शन भी प्रारंभ होता है।

लेकिन दुर्भाग्य कि विस्मय का जगत या कहें कि परमात्मा का जगत हमारे अंदर कोई आकार नहीं ले पाता। विस्मय का सब जगत ह्रदय के साम्राज्य का जगत है जहां से वह सीधा परमात्मा में छलांग लेता है। किन्हीं क्षणों में जब खिलते हुए गुलाब या तारों भरे आकाश को देख ह्रदय विस्मय से भर उठता है तो ह्रदय में बरबस ही एक अव्याख्य आनंद का जन्म होता है। अक्ल जैसे किसी खूंटी पर टंगी रह जाती है और ह्रदय में परमात्मा के लिए एक पुकार जन्म लेती

है, ये नि:शब्द पुकारें ही परमात्मा के लिए हृदय में निमंत्रण है। यहीं से हृदय ऐसी प्रार्थना से भर उठता है कि अहोभावों में आँखे आंसुओं में डूब जाती हैं।

ज्ञात से अज्ञात की ओर या कहें कि मृण्डमय से चिन्मय की ओर उन्मुख होना जीवन में बड़ी प्रीती की बात है। ये सुन्दर मार्ग अनजानी अपरिचित सुगंधों से भरा हुआ है। कल तक हमने रात-रानियों, गुलाब और बेला की गंधे जानी थीं लेकिन जीवन में परमात्मा के स्पर्श से उठने वाली सुंगध की बात कुछ और। प्रत्येक फूल और उनसे उठती सुंगध में भी परमात्मा के ही अदृश्य हाथ छुपे हैं; सब उसी के निमंत्रण से लबरेज हैं।

जिस त्वरा से हम जीवन में प्रवेश करते हैं उसी त्वरा से जीवन में प्रार्थना के दीप भी जलने प्रारंभ होते हैं। ओशो, कबीर, रैदास, मीरा, कृष्ण, नानक, बुद्ध ने जिस निर्वाण या जिस मोक्ष की बात की है वो कोई मृत्यु के बाद की स्थिति नहीं बल्कि इसी जीवन में जीते जी घटने वाली परम घटना है। जिसका प्रारंभ जीवन में प्रार्थना के दीपों से जलने से होता है। हमारी बेहोशियों के कारण वे बुझ-बुझ जाते हैं जो प्रार्थना का स्पर्श पाते ही फिर जल उठते हैं। जब प्रार्थना हृदय में घनीभूत होती है तब जैसे कि हम परमात्मा के आगोश में ही होते हैं। इन लम्हों को शब्दों में अभिव्यक्त कर पाना बडा ही दुष्कर है। ''निर्वाण के दीप'' के काव्य में उन्हीं क्षणों की गहरी अभिव्यक्तियां है। प्रार्थना से भरा हृदय परमात्मा के प्रेम में जब पिघल रहा होता है तब हृदय में शून्य की सुगंध से भरे हुए काव्य का जन्म होता है। धर्म की गहरी से गहरी अभिव्यक्ति केवल पद्य में ही संभव है। जो गद्य शून्य के प्रकाश से भरा हुआ है वह भी पद्य के जैसा ही हो उठता है। परमात्मा के स्पर्श करने के, प्रार्थना के क्षणों में जो काव्य हृदय से उठा है वो यहां इस पुस्तक के रूप में संग्रहीत हुआ है। परमात्मा कोई परिकल्पना नहीं है वरन प्रार्थना से आपूरित हृदय की गहरी से गहरी अनुभूति है। सुदूर जैसे कोई स्वर्ण कलश दिखते हैं और फिर विलुप्त हो जाते हैं। कोई प्रकाश उठता है लेकिन अगले ही पल अंधकार जैसे फिर से घनीभूत होने लगता है। और फिर यकबयक उसकी बिजलियां हृदय में कौंध जाती हैं। उसके आने और जाने का यह मीठे से दर्द का कारोबार अनवरत चलता ही रहता है। निर्वाण को लक्ष्य नहीं किया जा सकता वह पूर्णतया अलक्ष्य है। लक्ष्य तो केवल प्रतिपल जिए जा रहे जीवन को ही किया जा सकता है।

–आनंद अमितेष

निर्वाण के दीप

1.

कैसे पहुँचूंगा
तुम्हारे उस दुर्ग तक
कुछ भी तो ख़बर नहीं

तुम दूर कहीं
उस लोक
और मैं खड़ा हूँ
इस पार
असहाय सा
तुम्हें पुकारते हुए

सहस्र योजन
और उफनता हुआ ये दरिया
कब से बैठा हूँ
इस जर्जर सी कश्ती में
टूटी हुई पतवारें लेकर

दिख रही हैं
भंवर पर भंवर
और तुम हो कि
रखते ही जा रहे हो
दूरियों पर दूरियां अनन्त

चल तो रहा हूँ
खे भी रहा हूँ नाव
अमावस की इन अंधेरी रातों में
लेकिन मेरे किये
कुछ हुआ नहीं कभी,
लौट आता हूँ
मन की परिधियों पर
फिर–फिर

आना तुम्हें ही होगा
बस पुकार भर सकता हूँ

मेरे मांझी!

2.

प्रेम की इस झील में
अभी खिलने हैं
कितने ही कंवल
जलने हैं कितने ही दीप
होने हैं नौका विहार
तुम्हारे संग अभी

गुजरना है पथिक
अभी कितने ही अंगारों से,
घुंघरू जो बंध गये हैं पैरों में
रखनी हैं निष्ठा
उनके प्रति
सदा यूं ही

उठने हैं
अनगिन अश्रु
प्रार्थनाओं के वेगों में अभी,
कोई वृत
जो पूरा होगा स्वयं से
एक दिन,
उसकी प्रतीक्षा में
चुप ही रहना है सदा

अभी खिलने हैं
कितने ही कंवल
जलने हैं कितने ही दीप

3.

कहाँ उठा सका हूँ
एक भी कदम
अपने से
और ले आए हो तुम यहाँ तक
इन गुलिस्तानों में
दूर उन वीरानों से कहीं

ये जो फूल हैं प्रार्थनाओं के
तुम्हीं ने तो रख दिये हैं
इन हथेलियों पर

तैयार हूँ बस
अब खोल भी दो पाल सभी
अपने ही हाथों,
जो शेष हैं शरीर पर
किन्हीं अधोवस्त्रों की मानिन्द
और ले चलो
निर्वस्त्र कर
उन रहस्यमयी लोकों में
जहाँ रहते हो तुम
अजल से ही

मेरे मांझी!

4.

कैसे मोड़ हैं
कि ठहर गया हूँ अब
चलते-चलते
देखना चाहता हूँ हुनर
तुम्हारी तीरंदाजियों के

चढ़ाओ प्रत्यंचा
और देखो मुझे
नजर भर
ठीक से

खड़ा हूँ प्रतीक्षारत
हाथ जोड़े
कि भेद भी दो

निभाने हैं तुम्ही को
सब उत्तरदायित्व
स्वयं ही

मेरे मांझी!

5.

कोई नज़्म सी उतरती है
बिखर जाती है फिर
अगले ही पल,
ज्यों टूट जाता हो कुछ
बस संवरने से पहले ही

मुकम्मल सी कोई ग़ज़ल
या गीत कोई पूरा सा
उठने भी दो अब

खुद लिखूं तो लिखूं कैसे
बोलो भी

अब उतरने भी दो
कोई मुक्तक
कोई छंद
जो लिपटा हो
तुम्हारे मिठासों में

खिलने भी दो
वो कंवल
जो अधखिलें से हैं
किसी हल्के से कुहासे में,
उतरने भी दो वो रंग
जो धूमिल हैं
पिछली पहर से,

बनने दो अब तस्वीर
जो बिखरी-बिखरी है कहीं
ह्रदय के अन्तस्तल में,
अब दे भी दो कोई सुंकू
उतरने भी दो राहतें कुछ

हाथ आते हो तुम
पर छूट-छूट जाती हैं
तुम्हारी डोरियां सब

बठा हूँ अब मौन
थक हारकर
तुम्हारे आगमन की
प्रतीक्षा में

मेरे मांझी!

6.

देखो न!
रह जाउंगा ऐसे ही
अधखिला सा
तुम बिन

जो है
सब तुम्हारा ही प्रसाद तो है
जो मिलता है
किन्हीं क्षणों में
अहैतुक
यूं ही

मेरे किये तो
उठ आते हैं रेगिस्तान
और बिखर-बिखर जाती हैं
पंखुरियां सब
तुम देख भर लेते हो
तो उतर आती है हरियालियां
तत्क्षण!
और भीग उठता हूँ
तुम्हारे प्रेम की बारिसों में

कुहुक उठती है कोई कोयल
और पुकार उठता है पपीहा
अपने पी को पुकारते हुए

कैसे उठेंगे कदम
किस दिशा में बढ़ूं
कैसे तय होगा ये मार्ग
बोलो न!

चुप क्यों हो
तुम जानते हो सब
कि मुझसे कहां होता है कुछ

बस पुकार लेता हूँ
किसी पपीहे की तरह
और गा लेता हूँ गीत
अपने हृदय को अलगोजा बनाकर

अब आ भी जाओ
खिला भी दो कंवल
जो अधखिले से हैं
पिछले पहर से

मेरे मांझी!

7.

भटकते हुए ही सही
लेकिन आ पहुंचा हूँ
तुम्हारी परिधियों में अब

सुन भी लिया है
कि दस्तक दी है किसी ने
फिर भी बैठे हो मौन
बंद किये हुए
सब द्वार
दरवाजे सब
किसने रोका है तुम्हें?

ऐसा भी नहीं
कि प्रतीक्षा न हो
या न दिये जा रहे हों
निमंत्रण

तो क्या करूं और
तुम बोलो तो सही
कोई इशारा तो दो

चुप ही रहोगे?

तो फिर लाए क्यों
अपने इस उद्यान में
यहां तक

रहने ही देते मुझे
मेरे उन वीरानों में
अपनी वीरानियों के साथ
यूं ही

8.

रहस्य
कि यहाँ होता नहीं कुछ
अपने किये

निरर्थक रहे
कितने ही प्रयास,
होने ही थे

और होता रहा वही
जो होना था
इस समग्र के सापेक्ष

उघड़ते है लम्हे
उतरते हैं प्रसाद
स्वयं ही
भविष्य के इन अंधकारों से

मेरे संभाले
कब संभला कुछ?
भरभराकर ही गिरी
दीवालें सभी,
ध्वस्त हुए
अपेक्षाओं के सब किले

वे निरर्थक से
असफल प्रयास
लिख गये हैं
नई इबारतें कुछ

अब प्रयास रहित प्रयास
रख रहे हैं
अज्ञात के सम्मान
इन हथेलियों पर
प्रतिदिन

9.

देखने हैं सौन्दर्य
अपनी वृद्धावस्थाओं के
एक दिन

तिरोहित हो चुकी होंगी
जब महत्वाकांक्षाऐं सभी
और ढह चुके होंगे किले
जो बनते ही रहते हैं
भविष्य में सदा
और शेष न रहेंगे कम्पन
इन वासनाओं के
तनिक भी
जब हो चुका होगा मन शिथिल
अपनी यात्रा पूर्ण कर

तब चेहरे की आभा
उसका तेज
अलग ही होगा शायद
अनूठा होगा सौन्दर्य
हिमाच्छादित बर्फ की तरह
उन सफेदियों का

और हो चुका होगा निमज्जित
पूर्ण अपने पूर्ण में

तैयारियां अभी से
नाव चल ही रही है

आहिस्ता

10.

खुलने हैं
कितने ही बंद दरवाजे
और टूटनी हैं सब
तालों जड़ी कुंडियाँ भी
जो दूर हैं
सौ योजन
एक दूसरे से

सुना है उतरेगी
रोशनी कोई
शनैः शनैः
तब होगा परिष्कृत एक रूप
जो उठता है कभी
किन्हीं धुंधलकों के बीच

नहीं आता
एक कदम भी उठाना
कि पा सकूं प्रवेश
उन अंधेरी गुफाओं में
जो भरी हैं
किन्हीं परम रोशनियों से

प्रतीक्षा करूँगा
भीगे नयन लिए
कि गुजरोगे कभी
मेरे करीब होकर

तब दोगे अपने हाथ
और देखोगे स्नेहिल दृष्टि से
बिठा लोगे अपने ही करीब
उस स्वर्णिम रथ पर

तब खुल उठेंगे
सब ताले शायद
जो जड़े हैं
इन दरवाजों पर
अजल से ही

11.

कौन हैं
जो कौंध गया है बिजलियाँ बन
इन आसमानों में अभी

और उठा रहा है गर्जनाऐं
रह–रहकर

कौन हैं जो बरस रहा है
बूंद बनकर
घर के आंगन में अभी

उठता हुआ एक संगीत
दूर उस तालाब से कोई

तैर गई है
सौंधी सी एक गंध
इन हवाओं में अभी

कि ठहर गया है सब
और रह गया हूँ अवाक
देखकर तिलिस्म

दिख गये हो
कड़कती बिजलियों से लेकर
तैरती मिट्टी की इस गंध में
तुम्हीं हो शायद

मेरे मांझी!

12.

महकती रही सांसें
तुम्हारी सांसों से मिलकर
और उठते रहे अश्रु
मिलन की उन घड़ियों में

जैसे कहते रहे कान में
कि दूर नहीं मेरा लोक
तुम्हारे इस लोक से
तनिक भी

रूक मत जाना
मार्ग में
प्रतीक्षारत मैं भी हूँ
जन्मों से
तुम्हारे आगमन के लिए

13.

क्या रख सकूंगा भरम
तुम्हारे प्रेम का
जो लुटाते हो कभी
किन्हीं क्षणों में
अहैतुक!
फूल बरसाते हुए

कि उठती हैं
घनघोर घटाऐं
और बरसते हैं मेघ
हृदय की जमीन पर

दिये चले जाते हो
निमंत्रण पर निमंत्रण

जानता हूँ
कि प्रतीक्षारत हो तुम भी
न जाने कब से

क्या हो सकेगा
कोई मार्ग प्रशस्त कभी
तुमसे मिलने का

क्या?
क्या नहीं हैं कोई मार्ग
वास्तव ही में
नहीं है कोई यात्रा
कहीं कैसी भी?

क्या डूब जाना है बस
इन आंसुओं
और प्रार्थनाओं के प्रबल वेगों में
अभी इसी क्षण?

फिर बड़ा प्रीतिकर है
तुम्हारा ये मार्ग

मेरे मांझी!

14.

खड़ा रहा
तुम्हारी प्रतीक्षा में
अंजुरी भर फूल लिए
अपनी देहरी पर सदा

कभी भीतर
तो कभी बाहर से
प्रगट होते ही रहे,
कभी चुपके से
तो कभी गीत गाते हुए

देखा है तुम्हें
नृत्य करते हुए
हृदय के आंगन में

एक-एक ईंट
रखी है तुमने
अपने ही हाथों
कोई इमारत
कोई महल उठाने के लिए

अनुग्रहीत हूँ
कि निमंत्रण स्वीकार हुए

15.

पीठ किये रहो
तो भी गवारा है
न सही चेहरा
तुम्हारी छाया ही सही
लेकिन कोई संग-साथ तो है

टूटी ही सही
लेकिन कोई डोर
बंधी तो रहती है

पर जब नहीं रहता है
तुम्हारा कोई निशां
और चले जाते हो
किन्हीं रसातलों में

तो तुम्हें पता भी है कुछ
कि कैसे उठते हैं
चक्रवात से
इन गर्म हवाओं के

कि कैसे तिरता है सीना
जैसे सूख जाता है
सब रक्त
इस देह का
तुम बिन

तुम्हें पता भी है कुछ?

16.

लिखना एक गीत
जीवन का
तो गीत लिखना एक
मृत्यु का भी
उसी त्वरा से

एक कविता मिलन की
तो लिखना एक
विरह की भी
साथ–साथ

नज़्म लिखना कोई
जन्म की
तो लिखना
श्मशान की भी
एक दिन

कोई ग़ज़ल उठे यदि
शिखर के भाव लिए
तो उठने देना छंद
अंधेरी घाटियों के भी

यदि लिखो मुक्तक
आकाश के लिए
तो लिखना एक
धरा के लिए भी

एक गीत स्त्री के लिए
तो लिखना एक
पुरूष के लिए भी

ताकि उठ सके
एक संतुलन सुगंध लिए
जीवन के सभी आयामों में

प्रतीत होता है
कि निर्माज्जित हैं
सब विरोधाभास
किसी एक ही बिन्दु में कहीं

जो भरे हैं
विपरीत के आभासों से
विपरीत हैं कहां

जैसे सब हों
सुगंधित पुष्प
एक ही वृक्ष पर लगे हुए,
उतरती हैं
जिसकी जड़े
परमात्मा में ही कहीं

शायद!

17.

कोई सुहाग अभी
उठा या नहीं
खबर नहीं
लेकिन कोई वैधव्य
टूटा तो जरूर है

इतनी तो बात है
कि तुम आने-जाने लगे हो
हृदय के आंगन में
बे रोक-टोक

ताले जो जड़े थे
इन द्वारा दरवाजों पर,
विरह के दर्द और
प्रार्थनाओं से
कुछ खुले जरूर हैं

बन-बन के मिटती है
कोई मूरत जैसे
ये मैली चूनर
थोड़ी रंगी जरूर है

कोई वैधव्य
टूटा तो जरूर है

18.

आश्चर्य!
कि नहीं छू पाता कोई तिलिस्म
कैसा भी
जो फैला हुआ है
हर ओर
प्रकृति के प्रारंभ से ही

सुबह उगते सूरज के साथ
रक्स करती प्रकृति
चिड़ियों की चहचहाटें,
वसन्त के आगमन से
हर ओर उठी हरियालियां
और कच्ची कोपलों के सौन्दर्य

सेंमल के चटकते सुर्ख रंग
और भरी दुपहरी
गीत गाता हुआ गुलमोहर

कैसे बचकर निकल जाते हैं
इन सबसे गुजरकर
इन राहों से गुजरने वाले
कि नहीं छू पाता कुछ
किसी ओर से कहीं भी

सराबोर
उस असीम की खुशबुओं से
गंघ उठाती हुई रातरानियां,
लिली और कुमुदिनी के ये फूल
और ओस से भीगी
गुलाब की पंखुरियां देख
नहीं भरता हृदय
परमात्मा की पुकारों से,

नहीं आते नजर
उसके सधे हुए हाथ
कहां कर पाता है स्पर्श
उन्हें कुछ भी,
जैसे होके रह गये हैं कैद
मन के इन कैदखानों में कहीं

19.

गुजारना
सब कंटकीर्ण मार्गों से
नंगे ही पैर,
यदि हो उठूं लहूलुहान
तो परवाह न करना
तनिक भी

गुजार ही देना
उन सब अग्नियों से
जो जरूरी हों
कुंदन होने के लिए

दिखाना सब
जो नहीं देखना चाहती आँखें
सुनाना सब
जो नहीं सुनना चाहते कान
संकोच न करना
बिल्कुल भी

उठाना हर तूफान
चलाना सब तीर तलवार
जी भरकर
कि छलनी हो उठे सीना और

करना सब
जो भी आवश्यक हो
इस देह के स्वर्णिम होने के लिए

यदि देना चाहो गरल भी
तो देना
नहीं रोकूंगा उसे
लहू में घुलने तक

बस चलने देना
अपने साथ
और ले चलना
उन साम्राज्यों तक
जहां जल उठते हैं
प्रेम के दीप
सदा सदा के लिए

20.

बस यही चाह
कि उठते रहें आंसू
तुम्हें याद करते हुए
इन नयनों में
फिर–फिर

पुकारता रहे ये ह्रदय
और पुकारते रहो तुम भी
जब चला जाऊँ कहीं
किन्ही अंधेरी गुफाओं में

जैसे जले हुए है चराग
इस क्षण
बस जलाये रखना
रोशनी के ये दीये
उम्रभर
यूं ही

21.

जुड़कर देखना कभी
अहैतुक
भरी दोपहरी
इन आकाशगंगाओं से
बैठे हुए
किन्हीं खेत-खलिहानों में
या किसी गुलमोहर तले

देखना फिर
फैलती हुई अपनी देह
और होते हुए देखना
स्वयं को
उसी गुलमोहर की मानिंद

फिर होते हैं
गहरे संवाद
घास के फूलों
और इन झरबेरियों से भी

जैसे हुआ जा रहा हूँ
पीपल की डालियों की तरह
इस क्षण
देखे जा रहा है पीपल भी
एकटक

दूर से ही सही
लेकिन हो रहा वार्तालाप
आस-पास
इन दरख्तों से भी

22.

नहीं जानता
तुम्हारे इस साम्राज्य के बारे में
कुछ भी
जो फैला हुआ है
मेरे हर ओर
अज़ल से ही

क्यों हैं ये गुलाब
किसके लिए खिलते
और मुरझा जाते हैं फिर
सांझ ढले

तालाबों में पसरे
लिली के फूल
महकती ये रातरानियाँ
भर जाती हैं
कितने ही विस्मयों से

क्या है रहस्य
इन बारिसों का
और ये बिजलियाँ
जो कौंध जाती हैं अचनाक,
इशारे उठाती हैं
किन्हीं तिलिस्मों की तरफ

हैरान होता हूँ
इन हरियालियों के बाद
पतझड़ों के साम्राज्य देख

विस्मृत होता हूँ
अमावस की रातों में
ये टिमटिमाते दीये देखकर

तैरती ये आकाश गंगाऐं
गृह ये नक्षत्र
ये घूमती पृथ्वी
तैरता चाँद
और फिर उगते सूरज के साथ
ओस की बूंदों पर
उतरता एक जादू
भर देता है सब
कितने ही गहरे विस्मयों से

खड़ा हूँ
निरूत्तर
और अवाक सा
इस क्षण
सदां की तरह ही

23.

कौन समझेगा
मौन की इन भाषाओं को
उन संवादों को
जो होते हैं
किन्हीं मिलन की घड़ियों में

जीवन जो हुआ जाता है
किसी अमृत सा
किन्हीं सूक्ष्म रूपों में

दिख न सकेगा उन्हें
जो डूबे हैं धर्मग्रन्थों में
और हो गये हैं
पत्थरों की मानिन्द
जहां न उगते हैं गुलाब
और न कुहुकती हैं कोयलें

तो फिर चुप ही रहना
किसी जुन्नैद की तरह
या फिर रखना साहस
हो जाना किसी मंसूर की मानिंद
और कह देना सब
जो कहना हो

24.

फूलवती
जिसे फूलो कहा करते थे
घूमती रहती थी जो
पेट उधाड़कर दिनभर ही
कल पता चला
कि माँ है दो बच्चों की अब

और रौनू
जो लदा ही रहता था
मेरी पीठ पर हमेशा
बाप है दो सयानी लड़कियों का

वो छोटी बूंदो
जिसे देखता था अक्सर
उपले बनाते हुए
अपनी माँ के साथ,
पाँच साल हो गये शादी को
एक बेटा भी है अब चार साल का

बच्चे जो दौड़ते फिरते थे कल तक
पहिया घुमाते हुए
गुल्ली-डंडा खेलते हुए
आज कितने बड़े हो गये?

सोचता रहा कल रात
बहुत लम्हों तक
कि कितना प्रवाह है
इस जीवन का
किसी अल्हड़ सी नदी की मानिंद
जैसे बही जा रही है
समय की अविरल धारा कोई

कभी रूकते नहीं तुम
बढ़े ही जा रहे हो
जैसे घूम रहा है
समय का चाक
अपनी पूर्णता लिए
प्रतिपल

25.

उत्सव कर लेना
पकने लगें जब सीने के बाल
सम्मान रखना निगाहों में
अपनी कमजोर होती नजर के लिए

जब जा रहा था एक दांत
तब जश्न किया था
भर उठा था
कितने ही आनन्द से
यूं आहिस्ता पास आती
मृत्यु की आहट सुनकर

उसी की हैं सब पगध्वनियां
ऐसे ही तो विदा होता है शरीर
उस पूर्ण विश्राम के लिए

सुनना ध्यान से अभी
कान लगाकर
आवाजें आती हैं घुंघरूओं की
जैसे आ रही हो करीब
कोई नर्तकी
अपने आगोश में लेने के लिए

अभी से रखना
तैयारियां सब
उससे मिलन के लिए

26.

संसार
जो फैला पड़ा है
बेतरतीब सा,
उतरती हुई
उसकी गहन उदाशियों में
दिख ही गई
तुम्हारी सघन मौजूदगी
अभी-अभी

फिर रख दी उंगली
इन होठों पर तुमने
रहने के लिए मौन

मन के छलकने से पूर्व

27.

यूं तो घेरे हुए हो तुम
अभी इस क्षण भी
अन्यथा यूं पलकें भारी न होतीं
महक न रही होती सांसें
तुम्हारी गंध से

आते हो तुम
विश्राम भी कर लेते हो अक्सर
और जब चले जाते हो
तब कितनी ही बार पुकारती है
ये देह तुम्हें
कि फिर आओ
मेरे मेहमां होकर
भर दो गुलाबों से
इन प्राणों को

पुकारता है फिर–फिर
ये खाली पड़ा हुआ सिंहासन
लेकिन चले जाते हो तुम
हर ओर वीरानियाँ देकर

तब भूल जाता हूँ
तुम्हारी गंधें
तुम्हारे आलोक
और छूट जाती है उंगलियां
कभी–कभी
मेरी तमाम बेहोशियों में

लेकिन संभाल लेते हो फिर
ढहने से पहले ही
कोई किला

तब आहिस्ता गुजरने लगती हैं
तुम्हारी हवाएँ
देह को पार करती हुई
फिर से

28.

इतनी प्रार्थनाओं
और मौन के बाद भी
चला ही जाता हूँ
तुम्हारी सीमाओं से बाहर कहीं

फिर गुजरता हूँ
कितनी ही अग्नियों और
अवसादों से
मांगते हुए भीख
अपने आनन्द
अपने उत्सवों की

और तड़फता हूँ फिर
प्रवेश पाने के लिए
अपने ही गर्भ में
जहां रहता हूँ
भूत और भविष्य से मुक्त
नृत्य करते हुए
लीन किसी महारास में

निष्ठुर होना हो
तो हो जाना
कर लेना
जो करना हो तुम्हें
पर मत भेजना
अपने साम्राज्यों से दूर

मेरे मांझी

29.

कितने गतिमान हो तुम
ठहरते कब हो

यूं तो वही सूरज
सुबह भी वही
और वही सांझे हैं फिर-फिर
लेकिन सब वही कहाँ हैं

विस्तीर्ण होतीं आकाशगंगाऐं
चांद, फूल और तारे सब
कितने तल्लीन हैं
किसी जश्न में,
कितनी गति है
जैसे घूम रहे हैं सब
तुम्हारी ही परिधि पर
तुम्हारे मिलन के लिए

तुम वही नहीं हो
जो कल थे
तो मैं भी वही कहाँ हूँ
जो पिछले पहर था

मिल जाऐंगे हम
एक दिन
यूं ही चलते-चलते शायद

मेरे मांझी

30.

बस यही प्रार्थना
कि देख सकूं
खड़े रहकर
मन के प्रत्येक वेग को,
रोक लेना
यदि मुड़ना भी चाहूँ
उन्हें अनदेखा कर

खुली ही रहें आँखें
और दे सकूं सम्मान
प्रत्येक आवेग के लिए

डूब सकूं
हो सकूं पार
सागर की
उन गहरी तलहटियों के भी

31.

ऐश्वर्य
जो बिखरा पड़ा है
हर ओर

तल्लीन है प्रकृति
न जाने किन गीतों में,
नजर भर देखते ही
सुनते हैं कान
तब उतर आता है
तुम्हारा संगीत
और भर जाते हैं
ये नासापुट
तुम्हारी गंधों से
तत्क्षण

तब ठहर जाते हैं कदम
और तैरती हैं
मुकम्मल सी नज़्में
मेरे हर ओर

तब पड़ा ही रहता हूँ
किसी पगडंडी पर
आड़ा-तिरछा सा
तुम्हारे ही आंगन में

भरा हुआ
तुम्हारे ही आलोकों से

मेरे मांझी!

32.

बैठे रहो
मेरे साथ
रात्रि के इस पहर
कुछ लम्हों के लिए
यूं ही

कुशल - क्षेम
पता ही है तुम्हें सब
फिर इतनी रात गये
क्या प्रयोजन है
बोलो?

रातरानियों की गंध से
दिया है प्रतिउत्तर तुमने
अभी-अभी,
अब नहीं बन रहा है
कहते हुए कुछ

बस देख रहा हूँ
कि कैसे पारस किये दे रहा है
तुम्हारा स्पर्श
देह को
इस क्षण

तुम्हारी पदचापों से
प्रदीप्त हो उठे हैं
इस महल के
दरो-दीवार सभी

देख रहा हूँ
निहारता हुआ
अपलक!
जोड़े हुए हाथ
सदा की तरह

अब क्या दूं तुम्हें
अनुग्रह की इन भावदशाओं में
इन आंसुओं के अतिरिक्त
कुछ भी तो नहीं
मेरे पास
तुम्हें देने के लिए

मेरे मांझी!

33.

खबर लगती है
कि बेखबर नहीं हो तुम
इसीलिए तो चुप रह जाता हूँ
साधे हुए मौन कोई

कह भी नहीं पाता
कि रूक-रूक जाता हूँ,
तुम्हीं सिल देते हो
इन होठों को
अपने आप
शायद

ये जो भंवर सी दिखती है
बात मेरी ही कम नजर की है
तुम्हारी तरफ से तो
कोई आयोजन ही होगा

उत्सवपूर्ण

34.

क्यों उठा लेते हो
वक़्त-बेवक़्त,
किस शीघ्रता में हो
बोलो!

अब रात्रि के इस पहर
बैठा हूँ
कलम हाथों में लेकर
उनींदी सी आँखे लिए
कुछ तो सोचो!

ठीक है
करो तुम
जो मन हो तुम्हारे,

थोड़ी पहचान क्या हुई
कि अब चले ही आते हो
जब जी चाहे
बिना सोचे विचारे,

नहीं देखते हो
कि दफ़्तर में हूँ
या बाजार में,
या कि चिलचिलाती धूप में

सुबह और शाम
किसी भी पहर
कहीं भी
कभी भी
मानते कब हो

फिर बैठ जाता हूँ
जहां का तहां

लेकिन एक बात कहूँ
चिंता मत करना कभी
कि कहां हूँ,
बस तुम आ जाया करो
ऐसे ही

तुम जब आते हो
तो भर जाता है हृदय
गुलाब की सी सुगंधों से
और जब चले जाते हो
तब महकती रहती है देह
तुम्हारी ही गंध से

अभी बैठे रहो
कुछ देर और
ऐसे ही

मेरे मांझी!

35.

तुम आते हो तो
उठ आते हैं फिर
कितने ही गीत
उतरने लगती हैं
कितनी ही नज़्में
अपने आप

क्या तुम्हें भी होता है
ऐसा ही कुछ
मेरा संग-साथ पाकर?

तुम्हारा रक़्स कहता है
कि तुम भी आतुर हो
भरे हुए हो
मेरी प्यास से लबालब

मैं ही हूँ
कि गुम हो जाता हूँ
अपने बनाये हुए
तहख़ानों में ही कहीं

हैरान हूँ
कि तुम भी तलाश करते हो मुझे
और फिर पुकारते भी हो
जब नहीं मिलता हूँ तुम्हें

विरह तुम्हारी ही बड़ी है
मेरी विरह से
शायद

36.

कैसा हुआ जा रहा हूँ
किसी पत्थर की मानिंद

देखो!
रीता ही जा रहा है
गागर का अमृत सब
बूंद-बूंद

लेकिन कैसे कह दूँ
कि तुम्हें खबर नहीं कुछ

37.

संवरने दो
निखरने दो
खिलने भी दो
इन गुलाबों को अब

उठने दो
खुलने दो पाल
बहने दो नाव

शायद जानते हो तुम
कि चल ही लूंगा
कर ही लूंगा पार
हर रेगिस्तान
नंगे ही पैर
तुमसे मिलने के लिए

इसलिए रख देते हो
एक और नई भंवर
पुरानी के उबरने से पूर्व ही

38.

कैसे उठते हैं
विध्वंश से
और होते रहते हैं
महाविस्फोटों पर
महाविस्फोट
अपने ही भीतर कहीं
कि फैल जाती हैं
धुंध और वीरानियां
तुम्हारे बिन

फिर बैठ जाता हूँ
घुटने टेके हुए
उन रेगिस्तानों में कहीं
ज्यों छीन लिया हो
किसी ने
मेरा साम्राज्य सब,
फिर नहीं आते नजर
वो गुलमोहर और गुलाब
जो उग आते हैं अक्सर
हृदय के आंगन में
तुम्हारी उंगलियां थामे
और खो जाती हैं
सब गंधें
रातरानियों की,

मिलते ही रहते हैं
जिनके महादान
तुम्हारे आलिंगन के
परिणाम स्वरूप

39.

तुम करो
जो भी करना हो तुम्हें
परवाह न करना मेरी तनिक

संभल ही रहा हूँ
या कि संभाल ही रहे हो तुम
आहिस्ता-आहिस्ता

निश्चिंत रहना
कोई शिकायत न उठेगी कभी
नही हिलेंगे ये होंठ
इतना तो जान ही गये होगे

वैसे हिलाये ही रखते हो
मेरी नींवें अक्सर

फिर चुप हो जाता हूँ
यही सोचकर
कि कोई जरूरत होगी
तुम्हारी ही
शायद

40.

जब नहीं होते हो तुम
तब उठ आती हैं
कितनी ही नागफ़नियां

कैसे उग आते हैं
बबूल के ये दरख़्त
मेरे हर ओर

क्यों चले जाते हो
उन गुलाबों को लेकर
कि जिनके बगैर
नहीं रहा जाता है अब
एक पल भी!

41.

छूट गया है मंदिर
बहुत पीछे
और गाँव के बाहर का पीपल भी,
जहां जाते रहे
दादे-परदादे,

अकेला ही
बढ़ चला हूँ न जाने
किन दिशाओं में

पुकारते हैं प्रियजन
कि लौट आओ!
इन चिर-परिचित पगडंडियों पर

पर अब कहां
अब तो बाहर जा पहुंचा
गाँव के सिमाने के भी
बढ़ चले हैं कदम
किसी अज्ञात की ओर

पता मुझे भी नहीं
कि जाना कहां हैं,
कोई पुकारता है
तो चल पड़ता हूँ

यूं तो लौटा ही हुआ हूँ
लेकिन अब लौट नहीं पाऊँगा
इस साम्राज्य से
जहां जलते हैं निर्वाण के दीप
और उतरता है परमात्मा
बूंद-बूंद

42.

कौन है यहाँ
जो कैद नहीं
मन के इन कैदख़ानों में

ये जो खुशहालियां हैं
लम्हों भर की
तब्दील हो जाती हैं
न जाने किन उदासियों में
तत्क्षण ही

फिर वही संताप
वही मोह
असुरक्षाएें
और जीवन के अंजाने भय
ये शिथिल होते शरीर
और मन के वही पुराने
तीक्ष्ण वेग
जैसे खींच रहे हों
अनगिनत घोड़े
किसी रथ को
अपनी-अपनी दिशाओं में
पूरी त्वरा से

अतीत की दुर्गन्धें
भविष्य के स्वप्न लिए
खोते हुए

वर्तमान के इन लम्हों को
जैसे ढो रहे हैं सभी
अपनी ही अर्थियां
अपने ही कंधों पर

यहां कौन है?
जिसे नहीं हुई उम्रकैद
स्वयं के ही हस्ताक्षरों से

43.

बस याद ही तो किया था
इन चांद-तारों
और आकाश-गंगाओं को
कि बहकने लगे कदम
और उतरने लगी थी कोई मय
बूंद-बूंद

ऐसा लगा फिर
जैसे फेंके जा रहे हों
जाल पर जाल
इन आसमानों से कहीं
मानो कह रहा हो कोई
कि चाहे घड़ी भर के लिए ही सही
लेकिन ठहर जाओ
मेरे बच्चे
बस यहीं,
डूब जाओं इस भंवर में
अभी इसी क्षण

फिर तब ठहर गया पथिक
बस जुड़ गया वहीं
सिर को झुकाए हुए
पृथ्वी पर

तब गाने लगी थीं गीत
ये हवाऐं
यकबयक

रक्स करने लगे थे
चांद और ये तारे भी

कोई कीर्तन उठा था
ह्रदय के आंगन में
और गूंजने लगे थे म्रदंग
उठने लगी थीं
मजीरों की करतल ध्वनियां,

जैसे आने लगे उसके सलाम
हर दिशा से

मानो गुनगुना रहे थे कोई नज़्म
ग्रह और नक्षत्र सभी,
कितने खुश थे वृक्ष
और बांस के वो हरे झुरमुठ भी
जो देख रहे थे सब
खड़े हुए चुपचाप
तल्लीन किसी गहरे मौन में

क्या प्रतीक्षा करते हो
तुम भी
सदा यूं ही,
कि कब कोई आए
तुम्हारे आंगन में
और आरूढ़ कर लो उसे
अपनी ही हथेलियों पर
रक्स करते हुए
जैसे मुझे किया तुमने
उस क्षण

44.

जो उठी थी पुकार अभी
उठी थी जो हूंक
तुम आ गये थे
सौ योजन लांघकर

फिर चले भी गये
तसल्लियां देकर
ढांढस बंधाते हुए
कि दूर नहीं हूँ
जाऊँगा कहां
तुम्हें यूं छोड़कर

घड़ी भर के लिए ही सही
मिलन हुआ था जैसे

अन्यथा न उठते
इन आंखों में आंसू
यूं इस तरह

45.

फेंक देना
अंधेरी घाटियों में
कि घना हो सके
ये अंधेरा और

देखता रहूँगा सब
पहाड़ी के उस
पहरेदार की तरह
जो बैठा है युगों से मौन
और देख ही रहा है सब
गुजरते हुए
इन धूप-छांवों को

यदि आवश्यक हो
तो कर देना
टुकड़े-टुकड़े ये देह
कोई जोड़ घटने के लिए

ताकि हो सके प्रणय
तुमरे संग एक दिन
और हो सकूं पात्र
तुम्हारे वीर्यकणों को
रोपित होने देने के लिए
गर्भ में
अपने पुनर्जन्म के लिए

46.

बस
चुप हो जाने भर से
उठते हैं
कितने ही आनंद
और घुलती हैं
मिश्रिया सी
जुबां पर जैसे

और अगले ही पल
रख देते हो
केन्द्र पर
उठते हुए
चक्रवातों के मध्य

फिर महक उठता हूँ
रात रानियों सा
और भर उठते हैं नासापुट
प्रेम की गंध से
फिर-फिर

47.

व्यर्थ हुए
ज्ञान के संग्रह सभी

निरक्षर हूँ
नहीं जानता कुछ भी,
पढ़ना तो दूर
नहीं आते अंगूठे तक लगाने
तुम्हारी इन तहरीरों पर

क्या करूँ
खड़े हो जाते हो कभी
कितने करीब
कि देख पाता हूँ
तुम्हारी सब छवियाँ
लेकिन नहीं सूझता कोई मार्ग
जो ले चले
तुम्हारी देहरी तक मुझे

जितना चलता हूँ
तुम खड़े जो जाते हो
उतनी ही दूर और

तोड़ दी तुमने
वो पतवारें
पार होना था जिनसे
इन दरियाओं के

भंवर करीब है फिर
तुम्हें पुकारने के अतिरिक्त
कुछ और है नहीं

तुम्हीं आओ अब
और ले चलो

बस खड़ा हुआ हूँ
जोड़े हुए हाथ
इस जर्जर सी कश्ती में

मेरे मांझी

48.

कहने को तो
जुड़ते ही रहते हैं हाथ
मन्दिर की प्रार्थनाओं में
लेकिन भीतर
कहीं जुड़ा कुछ?
रहता है टूटा
बिखरा-बिखरा सा सदां ही

पहुंचते रहे लोग
सहस्रों मील
न जाने किन तीर्थों तक
और होती रहीं पद यात्राऐं
उम्र भर
पर कोई पहुंचा कभी कहीं?

फिर भी
चलता है क्रम
और चलेगा सदियों तक
जैसे निर्वहन मात्र हों बस
किन्हीं परम्पराओं के

भीतर मन की गाँठें
जैसी थीं
लगी रहीं वैसी ही सदां,
कोई गिरह आज तक खुली कभी?

लेकिन जब घटता है कोई जोड़
भीतर ही किसी मिलन में
तब जुड़ जाते हैं हाथ
स्वतः ही
किन्हीं अहोभावों में
सदां के लिए
और हो जाता है सब पहुंचना
बिना पहुंचे ही कहीं

49.

झुक ही जाना है
रख ही देना शीश
धरती पर
सम्मान से भरते हुए

कह देना
कि नहीं जानता
नहीं कर सकता कुछ
इस काम के
उद्धाम वेग के प्रति

मैं कर भी क्या सका हूँ
बस देखने के अतिरिक्त

उठने देना वेग
अपनी त्वराओं में
खड़े रहना जोड़े हुए हाथ
भरे ही रहना अहोभावों से
और देखना सब
स्खलन के आखिरी बिन्दु तक
और लौटा देना है फिर
उस अपरिसीम आनन्द को
पुनः अस्तित्व में
भरते हुए अहोभावों से

यदि हो सका यह
तो खिलेंगे फूल
एक दिन

50.

बस देख रहा हूँ
और कह भर ही तो सकता हूँ,
फिर तहखाने इतने नये भी नहीं
गिरा हूँ पहले भी
कई बार
इन अंधेरी खाइयों में

और फिर
तुम आ ही जाते हो
किन्हीं दिशाओं से
और ले जाते हो बाहर
मेरी उंगलियां पकड़कर
खुद ही

बाट ही जोह सकता हूँ
इसलिए बैठा हूँ प्रतीक्षारत
कि आओगे फिर
और चल पड़ूंगा तुम्हारे पीछे
सदा की तरह

देख रहा हूँ
कि होने लगा है तिरोहित
ये घना सा अंधकार
आहिस्ता-आहिस्ता

यहीं-कहीं हो शायद
सुन रहा हूँ
तुम्हारी पगध्वनियां सभी

51.

तुम्हें ही भरना होगा तेल
बनानी होगी बाती स्वयं
और जलाना होगा दीप
अपने ही हाथों

कुछ कर न सकूंगा
बस खड़ा रह सकता हूँ
तुम्हारे द्वार
पुकार सकता हूँ
पूरे प्राणों से
झुका सकता हूँ शीश
तुम्हारे चरणो में

52.

बहुत करीब से देखा तुम्हें
दुखी होते हुए

सोचा भी न होगा
कि मुझसे दुःख मिलेगा
तुम भी कितने जुड़े हो
मेरे इन मनोवेगों के साथ

क्या मेरे भीतर ही रहते हो कहीं
डेरा डाले हुए

कहीं ये मेरा होना
सब तुम्हारा ही होना तो नहीं

बोलो
चुप क्यों हो?

53.

क्या सचमुच ही
निष्ठुर है समय?
ये दुःख-दर्द ये संताप
क्या यही फलसफ़ा है
इस जीवन का?

कहीं ऐसा तो नहीं
कि ये उम्रकैदें
सब ईजादें हों
हमारी ही?

दुःखों के ये महाजाल
कहीं हमारे ही अर्जन तो नहीं,
कहीं हमने ही तो नहीं गढ़ लीं
दुख की ये मूर्तियां
अपने ही हाथों,
शायद हम ही संलग्न तो नहीं
इन पिंजड़ों की दीवालें उठाने में?

हां ऐसा ही है
भूल गये हम
लाओत्सो के शिक्षण को
भूल गये हैं
महाकाश्यप और
बोधिधर्मन को शायद!

भूल गये
कि उठी है कोई मीरा
इसी धरा
इसी मिट्टी से,
कोई कबीर रख देते हैं चादर
ज्यों की त्यों
जो बुन गई जैसी भी,
हम भूल गये
राबिया, लल्ला, दया
और सहजो को भी
जो उपलब्ध हुई
जीवन के इन परम प्रसादों को
इसी आसमान के तले

भूल गये हम जुड़ना
इन आकाशगंगाओं
चांद-तारों से,

यही प्रकृति
जो फैली है हर ओर
हम भूल गये
उसमें प्रवेश पाना

तिरोहित हुआ है
सब आनंद
जैसे अपनी ही मुहर लगी है
दुःख के इन दस्तावेजों पर
अन्यथा इसी क्षण
इसी पल
बह ही रहे हैं
आनन्द के झरने
हो रहा है कोई महारास

अहिर्निश

54.

कितना संयुक्त हो जाता हूँ
मन के इन आवेगों के साथ
कभी-कभी

भूल ही जाता हूँ फिर
सागर की तलहटियों के
उस मौन को
जहां थिर है सब
अनंतकाल से
और उलझकर रह जाता हूँ
इन्हीं लहरों के साथ

तब कितने ही दु:ख
कितने ही संताप
उठते हैं बवंडर से
इस देह में
कितना बिखर जाता हूँ
और ढह जाती हैं
प्रेम की इमारतें सभी

छल ही लेता है मन
मेरी इन बेहोशियों में
इतनी सजगताओं के बाद भी

55.

ये सिंहासन
इन प्रतिष्ठाओं और
तथाकथित सम्मानों के
होते ही रहे हैं
धूल धूसरित सदां,
साबित होता है सब
पानी पर खींची गई लकीर
एक दिन

सब जानते हुए भी
ठहरते नहीं कदम
एक पल के लिए
कि रूक कर देख लें
इन आती और
जाती हुई सांसों को
और देख सकें
सीने में धड़कते हृदय को भी

कोई घट
रीत रहा है प्रतिपल
थोड़ा संवार लें
ठहरकर

56.

देर से ही सही
लेकिन मिलना हुआ
कितने दिनों बाद
फिर से आज

जानता हूँ
कि नहीं भुलाया होगा तुमने भी

अनुपस्थित मैं ही रहा
उठते भी रहे ख़याल
कि रूकता हूँ
बस ठहरता हूँ अभी
लेकिन भागता रहा
दौड़ता ही रहा
इधर से उधर

कितनी भरमाती है
ये भाग-दौड़
इस जगत की,
मानो होने जा रही हों
कोई उपलब्धियों बड़ी
लेकिन
कुछ हासिल होते न देख
फिर टिक ही जाते हैं घुटने
उतरने बियाबानों में

तब उठा ही लेते हो
पकड़कर बांहे
जैसे लगा लिया है
इस क्षण
हृदय से अपने

खयाल रखना
भटक न जाऊँ फिर
इन सहराओं में कहीं

57.

गुफ़्तगू
आहिस्ता
खुद से ही

तब उठता है
कोई आनन्द
और महकती है
कोई गंध
इन नासापुटों में

अगले ही पल
रख देते हो
केन्द्र पर ही
उठते हुए
इन चक्रवातों के बीच

तब महकता हूँ
रातरानियों सा
और भर उठते हैं नासापुट
अपनी ही गंधों से सदा

58.

सजी ही हुई हैं महफिलें
शाह इनायत की
अभी भी,
गा ही रहे हैं बुल्लेशाह
कोई गीत
इसी क्षण
जो नाच ही रहे हैं
पैरों में घूंघर बांध
घूंघट ओढ़
रिझाने के लिए
अपने शाह को

दबा ही रहे हैं गुलाल
बुल्लेशाह के पैर
किन्हीं प्रार्थनाओं में
लीन होकर

लिख रहे हैं अमीर खुसरो
अभी भी कोई गीत
और गा ही रहे हैं
सुल्तान बाहू
पुकारते हुए
परमात्मा को
अभी भी

अभी–अभी तो मिले हैं सरमद
भीखा से
और बैठे हुए हैं मंसूर
फ़ना होकर
बगदाद की
उस काल कोठरी में
अभी भी

और हो ही रहे हैं अट्टाहास
अष्टावक्र के
जनक की उस सभा में
पांडित्य को ललकारते हुए

गुजर ही रही है मीरा
इन गलियों से अभी भी
नृत्य करते हुए
पुकारते हुए कृष्ण को

पुकार रहे हैं
गा ही रहे हैं नानक कोई गीत
उस पपीहे की पुकार सुनकर
और तैर ही रही है
चरणदास की वाणी
इन फ़िज़ाओं में अभी भी

कौन गया है
और कोई जाएगा भी कहां?
जो उठे हैं गीत
जो उठे हैं शिखर
वह उठ रहे हैं अभी भी

जैसे पा रहे हैं प्रवेश
किसी द्वार पर
अभी इसी क्षण
एक साथ

59.

आस–पास हो
यहीं कहीं?
लेकिन आता नहीं
तुम्हारा हाथ
मेरे हाथों में आज

शायद इसीलिए
घूंम रहा हूँ
इधर से उधर
पाले हुए कुछ बेचैनियां
अपने सीने में

विलम्ब किसकी तरफ से है
पता नहीं कुछ

कब से बैठा हूँ
तुमसे मिलने को
लेकिन पीठ किये हो आज
देख रहा हूँ तुम्हें
सुबह से ही

पल भर को छूते हो
और चले जाते हो फिर

नाराज हो?

अब तुम्ही ने तो
फैला रखा है
इतना संसार
मेरे चारों ओर
तो समेट दो न तुम खुद ही

अब जो भी है
आने भी दो
अपना हाथ
मेरे इन हाथों में

और जीने दो कुछ
परम विश्राम में
अपने संग

60.

शायद!
कहना चाहते हो कुछ
लेकिन नहीं समझ पा रहा
तुम्हारे इशारों को

उड़ा-उड़ा सा मन
बेचैनियां
आज सुबह से ही

किसी से अपेक्षा मेरी
या मनोवेग है कोइ?
या तुम्हारी ही कोई भूमिका है
किसी सुंन्दर से उपसंहार के लिए

क्यों है
इतनी उहापोह
आज भोर से ही

लेकिन
पाती रखते ही
तुम्हारे चरणों में
रख दिये हैं तुमने भी
कुछ गुलाब
इन हथेलियों पर

अविलम्ब

61.

करता ही रहा
दौड़ धूप
दिन भर की
तुम्हारी याद लिए

लेकिन
कहां बनती है बात
इतनी सी बात से
जब तक बरस ही न जाओ
हृदय के आंगन में
मेघ बनकर
और भर ही न दो
रीती गागर
चाहे कुछ पलों के लिए ही सही

62.

नहीं लिखा जा रहा
कोई गीत आज,
न बन रहे हैं शब्द
और न उठ रहा है
भाव कोई

फिर क्यों बैठा हूँ
कुछ लिखने के लिए

तुम गरज तो रहे हो
कौंध भी रहे हो
बिजलियां बन
इन आसमानों में
लेकिन नहीं बरस रहे हो
मेघ बनकर
हृदय की जमीन पर

तो फिर कैसे लिखूं
और लिखूं भी तो क्या

आखिर
क्या तुम चाहते हो

बोलो न

63.

कल तुम
देते रहे
उपहार से
दिनभर ही

उतरती रही
कोई मय
बूंद-बूंद,

होती रही बरसातें
और भीगता रहा
खड़े होकर
जोड़े हुए हाथ

शाम ढलते-ढलते
जोड़ ही दिया तुमने
किसी मंदिर से मुझे

64.

परिधियाँ तो टकराऐंगी ही
तो टकराने देना उन्हें

धैर्य रखना
देखना उनकी टकराहटों को
फिर-फिर

उठें आक्रोश
तो उठने देना
विश्वास न टूटे
लहू उठने पर भी

जुड़े रहना
उसी केन्द्र से
जिनके लिए
पथिक तुम भी हो
और मैं भी

वहीं रखना
अपनी सब निगाहें

टकराहटें इन परिधियों की
कुछ कर न सकेंगी

65.

परिधियां
दे रही हैं खबर
कि कितना अस्थिर है
केन्द्र अभी

फिर भी
इतनी उम्मीद न थी
स्वयं के सधे रहने की

लाजिम़ी हैं
वक़्त-वक़्त पर
संसार के चक्रवात भी,
ताकि पता चलता रहे
कि थिर नहीं है शांति अभी

गुजरना है अभी
कितने ही ध्यान
और कितने ही मौन से

देखा फिर आज
अपने भीतर के सत्य को

66.

कब लगा है
किसी के हाथ
यहां कुछ भी

इसलिए
रख दिये हैं उताकर
ये धनुष और तीर कमान सब

ताकि
पाया जा सके प्रवेश
तुम्हारी परिधियों में
और बन सकूं लक्ष्य
तुम्हारी
तीरंदाजियों का

67.

जो हुआ
उचित ही रहा होगा
नहीं समझ पाया होउंगा
तुम्हारे ढंग
सलीके तुम्हारे
अन्यथा
व्यथित न होता यूं

ठीक नहीं सन्देह
तुम्हारे कृत्यों पर
लेकिन गुस्ताखियां हुई
कुछ पर्ते उघाड़ने की
जानते हुए भी
कि सही नहीं है सब

तुम्हीं ने रखी होंगी
ये सिलाऐं
इन मार्गों में
ये बताने के लिए
कि कितना बंधा हूँ
इस मन से
फैला है अभी
इसका कितना ही साम्राज्य

गुजर रहा हूँ अभी तो
किन्हीं घने कंटकीर्ण मार्गों से

68.

जरूरी नहीं
कि बनी ही रहें
वो ऊंचाइयां
वो संवेदनाऐं
ताउम्र
यूं ही

पर्याप्त हैं कुछ पल
जिनसे गुजरकर
हुए हों कुंदन कभी
साथ-साथ

संजोए रखना
उन स्मृतियों को
ह्रदय की किन्हीं
गहरी तलहटियों में
रख लेना उंगली होठों पर
सदा के लिए

छोड़ आना
कोई जाना चाहे यदि
ले लेना विदा
तुम भी
आहिस्ता!
हाथ जोड़कर

सम्मान रखना
सदा ही
जीवन के आगे बढ़ते हुए
इस प्रवाह का

बस टूटे ना
नेह का धागा कोई
अस्तित्व के प्रति

तब फिर
हो उठेगी देह
किसी पारस सी

और महक उठेंगी रात रानियां
भीतर के लोकों में कहीं

69.

ऋणी हूँ
सदां रहूंगा भी

जो मिला है
अमूल्य है
अपरिसीम है

गवाह हैं
धरती और आकाश गंगाऐं,
साक्षी हैं
गंगा की लहरें

बैठे रहना मौन
नदी के तट पर
जैसे त्रप्त हुई हो कोई प्यास
अनन्त जन्मों की,
ज्यों मचल उठी हो
एक रामी
मिलने के लिए
अपने भीतर ही
किसी चंडीदास से

निश्चित ही
तिरोहित हो उठे थे
संसार के फैलाव सभी
उस क्षण

बस पर्याप्त है
इतना ही
नहीं चाहिए कुछ भी
प्रेम की इस छांव से बढ़कर

कितने पास आ खड़ा हुआ हूँ
उस मंजिल के करीब
गुजर जाना है जिससे
किसी परिष्कृत यात्री की मानिन्द
नृत्य करते हुए

70.

हो जाना है
तीर्थ की ही मानिंद
पहुंचने से पूर्व
किसी तीर्थ तक

तब होगा प्रकट
एक और तीर्थ
अपने ही भीतर कहीं
जो पुकार ही रहा है
अजल से शायद

71.

चल पड़ा हूँ
थाल सजाये
तुमसे मिलने
तुम्हारी ही
उंगली पकड़कर

आहिस्ता
ढहती जा रही हैं
वे इमारतें सभी
जो उठती रहीं
बेहोशियों में अक्सर

अब हुआ जा रहा हूँ
निर्भार सा
प्रतिदिन
तुमसे मिलन की प्रतीक्षा में

72.

संलग्न हो जाती हैं
अनगिन मकड़ियाँ जैसे
बुनते हुए जाले
जो घेर लेती हैं मुझे
मेरी इन बेहोशियों में

घूमता रहता हूँ फिर
इधर से उधर
लादे हुए
चाहे–अनचाहे बोझ
उलझा हुआ सा
उनके हजार तानों–बानों में

तब उठाता है फिर
कितने ही बवंडर
ये मन!

कि झूंठ हैं तुम्हारे आनन्द
और अनुग्रह सब
करते हुए घोषणाऐं
कि साम्राज्य हैं मेरे ही
जहाँ चलते हैं
सिर्फ मेरे हुक्मनामे

और सच भी है
तभी तो होके रह जाते हैं हम
मन की ही गांठ कोई

लेकिन
जब गिर पड़ता हूँ
तुम्हारे चरणों में
असहाय सा
चढ़ाते हुए सब संताप
अपने बोझिल मन के,
तब कहां लगती है
कोई भी देर
मेरे मुक्त होने में

टूट जाती हैं
मन की आयोजनाऐं सब
तत्क्षण!

चल पड़ता हूँ फिर
झाड़कर सब वस्त्र
अपने गंतव्य की ओर

हथेलियों में आसमान भरकर
गीत गाते हुए

73.

बहुत घना है
ये अंतस का तम
क्या करूं ?

नाव जर्जर है
और छीन ली गई है
पतवारें सभी

जा चुका
मांझी भी
छोड़कर संग-साथ
इन मझधारों में

भरोसा नही कुछ
कब तक रहेंगे प्राण
इस देह मे

बात रह गई है बस
घड़ी दो घड़ी की शायद
और नहीं मिलता कोई निशां
ढूंड़े भी
चले गये हो किस लोक
यूं छोड़कर

फैली पड़ी है
अमावस की सी
काली रात हर ओर
न तसल्ली है
न दिलाशा कोई

कहां जाऊँ
किधर जाऊँ
कुछ तो बोलो?

74.

कितनी शीघ्रताएं
कि उठ तो आए आंसू
हो तो गई प्रार्थना पूर्ण
उठो भी अब!

आहिस्ता
कहता ही है
अपनी विदाइयों से पूर्व
भयभीत ये मन!

75.

बिछा ली है अपनी बिसात
खेली जा रही है चौसर
और चली जा रही हैं
सब चालें

खड़ा कर लिया है
कोई मजबूत किला
और व्यवस्थाऐं भी की हैं
चाक-चौबन्द
फैला लिया है दूर तक
मन ने अपना साम्राज्य

दाव मेरा भी पड़ता है कभी
तब बैठता हूँ फिर
अमन के ऊँचे सिंहासनों पर
भरा हुआ किन्हीं उन्मादों से
लेकिन
जब खोता है होश
और पलटती हैं बाजियां
तब भांजता लाठियां
ये मन
कि टूट-टूट जाते हैं
मेरे हाथ और पाँव सब

फिर फेंक दिया जाता हूँ
किन्हीं गहरी अंधेरी खाइयों में

जब उठती हैं यादें
अपने खोये हुए साम्राज्य की
तब फिर पलट जाता
कोई तख़्त तत्क्षण,

डाल-डाल
पात-पात
खेले जा रहे हैं खेल
मन के संग
अपनी पूरी त्वरा के साथ

76.

कितने ही संतापों
और कंकड़-पत्थर
अंजाने भयों के
भरता ही रहता है
ये मन
अपनी झोलियों में सदा

आमादा ही रहता है
तिरोहित कर देने को
सब आनन्द
और दिखाता है सुदूर
क्षितिज के पार कहीं
झरने महासुखों के

देख रहा हूँ युगों से
और पार हो चुका
ऐसे कितने ही
तथाकथित क्षितिजों से
कितनी ही बार

पर ढूढ़े नहीं मिले
वो झरने
उस आनन्द के
रखी गई थीं जिनकी शर्तें
लेकिन स्वीकार करते ही
अपने चारों ओर तैरती

इन परिस्थितियों को
तब दिख ही जाते हैं ख़ज़ाने
मोतियों से भरे हुए
तत्क्षण!

77.

दिन हो कि रात
उठा है जब भी दर्द
हुआ है स्वागत
बाहें फैलाये हुए

नहीं उठने दिया
कोई अवरोध
कैसा भी

यूं गुजरना
किसी दर्द से
होशपूर्वक
औषधि है शायद
किसी जागरण के लिए

78.

चार सीढ़ियां ऊपर
या फिर
बिल्कुल नीचे
मन रखता कब है
ठीक पायदान पर कभी

ये पुराने ढर्रे
इस मन के
दिखने लगें जब
तो करीब है कोई द्वार फिर

रखना चाहता है
खुद को आगे सदां
कब स्वीकार करता है
किसीकी विद्धता
ये मन

देख लेने से
मन की इन गाँठों
और जन्मों से बंधी
इस पोटली को
द्वार खुलता है कोई

फेंक भी तो देता है
किन्हीं रसातलों में
ये मन

कि ठीक वहीं
तुम्हारी यात्राऐं
घटित हुआ कहां
कुछ भी

तो कह देना
कि जानता हूँ
स्वयं को सदियों से
तुमसे पूछा किसने
तब खुलेगा द्वार कोई
क्षण भर के लिए
फिर से

79.

डाल दिया है
कितने ही अंधकारों में
कहाँ चले गये हो
छोड़कर

क्या भूल गये हो
नहीं सूझता कुछ भी
कि कदम कहाँ
किस दिशा में रखूं
कोई तो सुराग मिले
खबर कैसी भी
मिलती नहीं

घुट रहा है दम
इस तहखाने में,
कोई बात होगी जरूर
जो रास न आई होगी तुम्हें
अन्यथा होते नहीं
इतने तिरस्कार
तुम्हारी ओर से कभी

80.

जो लिख रहा हूँ
चल रही है कलम
जो आहिस्ता
या उठ रहा है गीत
हृदय में
इस क्षण

क्या तुम्हीं घट रहे हो
इन सबके होने में

लिख रहे हो
सब अपनी ही दास्तानें
मेरी ही उगलियां बनकर
और पढ़ भी नहीं पाता
कि मिटा देते हो
तत्क्षण सब
और ढूंढे नही मिलता है
कोई निशां तक भी

मैं लिख रहा हूँ?
या तुम्हीं लिख रहे हो
आहिस्ता
कुछ खबर नही
पता नहीं कुछ

81.

क्यों हो उठते हो आतुर
तत्क्षण
मिटा देने को आनन्द
और उसकी स्मृतियाँ सब
जैसे कि था ही न कुछ

जबकि खिलते हैं
कितने ही कंवल
इन प्रार्थनाओं के
और उठती हैं
कितनी ही पुकारें
इन आंसुओं के साथ

मन!
समझ आने लगे
तुम्हारे आयोजन सभी

82.

देखता हूँ
कि कैसे तैरता है दर्द
सीने से उठकर
पूरी देंह में
और घुल जाता है
लहू में
आहिस्ता

तब धीमीं हो जाती है सांसे
और गा रही होती है देह
कोई मंगलगान

फिर अचानक
उतरता है सौन्दर्य
अपरिचित सा
किसी लोक से

फिर जलते हैं चराग़
हृदय के आंगन में
और रोशन हो उठता है
केन्द्र से परिधि तक सब
आहिस्ता

83.

सागर
ये बादल
हमसे अलग कब हैं
हम ही तो बरसते हैं
झमाझम
इन बारिसों में

सुबह की ठंडी हवाऐं हों
या कि चक्रवात कोई
बहते हैं हम ही
इन अनन्य रूपों में

ये सूरज
और आकाश गंगाऐं सब
होती ही रहती हैं
प्रतिध्वनित सदां
हमारे भीतर ही कहीं
शायद

84.

चिन्मय
जो कि उठता है
मृण्मय के इसी बीज से
उसके सब अंकुरण
और जड़ों के फैलाव
समाये हैं
इसी में कहीं
कोई गहराई लिए

अनुग्रह
कि रख दी तुमने
संसार की ही मिट्टी
हथेली पर
किसी महाउत्सव की
तैयारी के लिए
मेरे मांझी

85.

सुनी हैं आवाजें
चटकते हुए
अरण्डी के उन बीजों की?
बीना है उन्हें
भरी चटकती दुपहर कभी?

सुनना खड़े होकर
इस संगीत को
आँखे बंद कर
देखना बच्चों को
उन्हें बटोरते हुए

कोई उतरेगा प्रसाद सा
कोई उठेगी गंध
जो भर देगी सीने को
न जाने
कितने ही आह्लादों से

86.

चुन लेना तुम
जवाहरात और हीरे सब
भर लेना झोलियाँ
इन प्रतिष्ठाओं से

फैला लेना साम्राज्य
सभी दिशाओं में
हर ओर

बैठ जाना जाकर
किन्हीं ऊँचे सिंहासनों पर,
कर लेना अर्जन
जो भी करने हों तुम्हें
आँखें बन्द किये

लेकिन ठहरना कभी
झांकना अन्तस में
और देखना
कि कहीं गुलाब खिले?
कोई झरना फूटा?
भीतर फैल चुके मरूथलों में

साधन बना जीवन
जो कि साध्य था
बहना था
इस प्रवाह के साथ

मिलना था समग्र से
किसी संगीत में डूबकर
बाँधकर घुंघरू इन पैरों में

तब जो मिलता
तृप्त कर जाता
महक उठती रातरानियाँ
इन सांसों में कहीं

चुनकर देख लेना
प्रेम के बदले में
ये हीरे और जवाहरात सब?

87.

उदाशी
कहां तक उतरोगी तुम
अधिक से अधिक
मौत के आगोश तक न
तो आओ उतरो
और भी घनघोर होकर

बैठा हुआ
देख रहा हूँ
उठते हुए इन गुबारों को

और कौन होगा
तुम्हारे अतिरिक्त
उतरती हुई
इन उदासियों में भी

पहचान लिया है
तुम आते हो कभी
वेष बदलकर
यूं भी

मेरे मांझी!

88.

निकलेगा हर लम्हा
नृत्य करते हुए
भविष्य के अंधकारों से

गुजरेगा हमसे
ऐसे ही
किसी नृत्य में लीन होकर
और चला जाएगा
अतीत के तहख़ानों में
मौन रहने के लिए
सदां

अमृत जो पिऐंगे
वर्तमान के,
अंजुरी भरकर

हो उठेंगे लीन
किसी नृत्य में
ठहरे हुए
समय की अविरल धारा में कहीं

89.

तुम्हीं चले आते हो
घोड़ों पर सवार होकर
प्रत्येक दिशा से
और मुस्कुराते भी हो फिर
धकेलकर
किन्हीं अंधेरी खाइयों में

मैं हूँ
कि गिर भी जाता हूँ
कुछ पलों के लिए

लेकिन फिर उठते हैं कुछ
जागरण से
और उठ बैठता हूँ
अगले ही पल
साफ करते हुए
अपनी धूल-धवांस सब

और मुस्कुरा देता हूँ
तुम्हारी ही तरह
आहिस्ता

90.

क्या ठहरा हुआ है वक़्त
सदा से?

जाएगा भी कहाँ

जब ठहर जाता है मन
और होती है झील
बिल्कुल निस्तरंग
ये समय
तब होता भी कहां हैं

तो जो गुजर गया जीवन
या कि जो शेष है
जीने को अभी
क्यों न रख दूँ दोनों को
एक साथ
अभी इसी क्षण

केन्द्र पर तो कोई
भूत और भविष्य नहीं
तो फिर खेल ही हैं सब
मन की परिधि के
शायद!

91.

पिघलता रहा
बैठा हुआ नदी किनारे
याद करते हुए तुम्हें

उनकी कल-कल ध्वनि में
गूंजने लगी
तुम्हारी ही हंसी

तब कुछ लम्हों के लिए
नदी-नदी न रही
हो गई थी
तुम्हारी देह ही जैसे

उतरता मौन
बंद होती आँखे
गवाह थीं
कि आहिस्ता
भर उठा था हृदय
तुम्हारे अपरिसीम प्रेम से

कोई गंध
भरने लगी तब
इन नासापुटों में
तुम्हारे नेह की

और फिर
कुछ एक पलों के लिए
मैं मैं न रहा
जैसे हो गया था
तुम्हारा ही
प्रतिरूप कोई

तब झुक सका
नदी के समक्ष
प्रकट करने के लिए
अपने सब आभार

आज तुमसे यूं मिलना
भर गया है हृदय को
कितने ही अनुग्रहों से

मेरे मांझी

लेखक परिचय

आनंद अमितेष

जन्म : उत्तर प्रदेश के जिला अलीगढ़ की तहसील कोल के गाँव 'छोटा जवां' में

सम्प्रति : उत्तर प्रदेश सरकार के नियोजन विभाग में राजपत्रित अधिकारी के पद पर कार्यरत

लेखन : लेखन का प्रारंभ ग़ज़लों एवं गीतों से, पूर्व में आगरा आकाशवाणी से ग़ज़लों एवं गीतों का अनवरत प्रसारण, विभिन्न पत्र-पत्रिकाओं में कविताएं, गीत, ग़ज़ल एवं अन्य लेख प्रकाशित

प्रथम पुस्तक : लोकभारती प्रकाशन इलाहबाद से वर्ष 2018 में काव्य संग्रह ''जल उठे चराग़'' प्रकाशित

जीवन पर प्रभाव : ओशो, गुर्जिएफ, मेहर बाबा, बुल्लेशाह, मंसूर, गुरूनानक, कबीर, मीरा, संत भीखा, रूमी, अमीर खुसरो, मिर्ज़ा ग़ालिब, मीर तकी मीर जैसे रहस्यदर्शी, सूफी संत एवं शायर

e-mail - : mukesh219701489@gmail.com